ANCIENS TEXTES DE DROIT FRANÇAIS

INÉDITS OU RARISSIMES

PAR

M. René DE MAULDE

ANCIEN ÉLÈVE DE L'ÉCOLE DES CHARTES
SOUS-PRÉFET.

LES HOMMES LIBRES

AUX XIIᵉ ET XIVᵉ SIÈCLES

EN ORLÉANAIS

CHAMPARTS. — AFFRANCHISSEMENT. — ÉLECTIONS DE DÉPUTÉS.

DEUXIÈME ÉDITION.

PARIS
LAROSE
LIBRAIRE-ÉDITEUR
22, rue Soufflot, 22.

ORLÉANS
H. HERLUISON
LIBRAIRE-ÉDITEUR
17, rue Jeanne-d'Arc, 17.

1878

ANCIENS TEXTES DE DROIT FRANÇAIS

INÉDITS OU RARISSIMES

PAR

M. René DE MAULDE

ANCIEN ÉLÈVE DE L'ÉCOLE DES CHARTES
SOUS-PRÉFET.

LES HOMMES LIBRES

AUX XIIe ET XIVe SIÈCLES

EN ORLÉANAIS

CHARTES D'AFFRANCHISSEMENT. — ÉLECTIONS DE DÉPUTÉS.

DEUXIÈME ÉDITION.

PARIS

LAROSE

LIBRAIRE-ÉDITEUR

22, rue Soufflot, 22.

ORLÉANS

H. HERLUISON

LIBRAIRE-ÉDITEUR

17, rue Jeanne-d'Arc, 17.

1878

QUELQUES DOCUMENTS

RELATIFS A LA

CONDITION DES HOMMES LIBRES

DANS L'ORLÉANAIS AU MOYEN AGE

CHARTES D'AFFRANCHISSEMENT. — ÉLECTIONS DE DÉPUTÉS.

———~~✳~~~———

Nous avons précédemment indiqué les données principales de la situation au XIIe siècle des hommes qui n'étaient ni serfs, ni nobles (1), et nous avons témoigné qu'à cette époque de renaissance, le gros de la nation se trouvant en réalité placé entre le servage des uns et l'ardeur effervescente des autres, la condition des hommes libres, par cela même, courait mille périls. Jamais l'avenir ne parut plus obscur. L'horizon très-vague qu'entrevoyaient quelques regards semblait ne comporter que des déchirements, des violences, des outrages; et, pour y échapper, n'allait-on pas retourner vers ces temps de la suprématie féodale, qui avaient eu leur grand éclat et leur raison d'être, mais qui, peu à peu, s'étaient lourdement appesantis sur la tête de la France? car il semble,

---

(1) Voir au tome XIV des *Mémoires de la Société archéologique de l'Orléanais*, l'étude ayant pour titre : *De la condition des hommes libres dans l'Orléanais au XIIe siècle*.

dans les destinées de notre pays, de préférer l'action par
secousses au travail lent et continu d'un perfectionnement
silencieux, de plutôt courir aux opérateurs qu'aux gué-
risseurs, et de rejeter le mal, non pas lorsqu'il s'infiltre,
mais lorsqu'il écrase.

Et cependant l'idée féconde et pleine d'avenir, dont le
germe demeurait alors déposé d'une manière si obscure,
si méconnue, si faible, dans l'homme libre, triompha. A
qui dut-elle sa victoire? Après la Providence, à la
royauté qui groupa des éléments épars, les forma en
faisceau et les vivifia, qui sut dégager des circonstances
l'idée vraie, et la revêtir du caractère de netteté, de
simplicité rigoureuse, de fixité qui distingue l'idée politique de l'expédient, *via recta*, *via certa*. Voir dans ce
mouvement une action spontanée, c'est prétendre qu'un
enfant dans les langes a marché tout seul : le bien de
la vie qui appartient à notre libre arbitre et que nous
gouvernons et développons en suivant notre nature et
avec tant de volupté, quelle ne serait pas la bizarrerie
du plus fier d'entre nous de prétendre qu'il l'a toujours
possédé en sa plénitude et de méconnaître qu'il nous
faut bien en définitive remonter à un temps quelconque
où nous-même, comme la société, l'avons, non pas pris,
mais reçu! C'est là, hélas! une des grandes lois qui ré-
gissent l'humilité humaine, et quiconque étudie plus ou
moins modestement la manifestation de ces lois ne peut
guère s'empêcher, me paraît-il, de toucher celle-ci du doigt.

Nous appliquerions volontiers à l'enfantement de cette
première période, de cette préface, pour ainsi dire, de
la royauté de Philippe-le-Bel les graves paroles de
M. Boutaric : « ... Charte des libertés françaises qui ne
fixait pas les droits du peuple ni les devoirs de la cou-
ronne, mais qui se bornait à prescrire aux agents du roi

d'observer la justice ; qui avait pour base l'équité, et dont pendant plusieurs siècles les grands et le peuple ne cessèrent de réclamer l'exécution ; que les sénéchaux, les baillis et les prévôts jurèrent d'observer sous tous les règnes suivants, mais qui fut toujours violée quand il n'y eut plus pour la faire respecter celui qui l'avait dictée (1) ! »

Nous avons pensé qu'il ne serait pas sans intérêt de rattacher à ce sujet les documents que voici : d'abord deux actes d'affranchissement, émanant des autorités ecclésiastiques, puis d'autres pièces se référant à la première manifestation de la vie politique dans les petites bourgeoisies constituées au XIIe siècle ; ce sont les procès-verbaux des élections des députés de ces villes aux États généraux de 1308.

§ Ier. — ACTES D'AFFRANCHISSEMENT.

AFFRANCHISSEMENT PAR LE CHAPITRE DE SAINTE-CROIX D'ORLÉANS DE CENT SOIXANTE-NEUF SERFS ATTACHÉS A SES DOMAINES, SOUS PROMESSE DE FIDÉLITÉ (1259).

Universis presentes litteras inspecturis, decanus totumque Aurelianensis Ecclesie capitulum, salutem in Domino. Notum facimus quod cum persone inferius nominate in terra nostra de Belsia commorantes essent homines et femine nostre de corpore et servilis conditionis, et eedem persone nobis humiliter supplicassent ut nos ipsas personas et eorum filios et filias et omnes heredes quos nunc habent et legitime de propriis corporibus procrearent, ab omni jugo servitutis et quatuor denariis capitalibus annui census vel redditus nec non et foris maritagii absolvere dignaremur ; nos attendentes multimoda commodi-

(1) M. BOUTARIC, S. *Louis et Alfonse de Poitiers*, p. 150, sur l'ordonnance de 1254.

latum quàm nostris hominibus et eorum heredibus que tam
nobis etiam et Ecclesie nostre ex hujusmodi concessione libertatis provenire; ipsas personas, pietatis intuitu, et omnes
heredes quos nunc habent et quos imposterum de propriis
corporibus legitime procreaverint a jugo servitutis manumictimus et quatuor denariis capitalibus et forismaritagio in quibus
nobis tenebantur omnino liberamus sub conditionibus et pactio-
nibus inferius insertis et adjectis de voluntate ipsarum, non
tamen causa onerande libertatis talia jura retinuimus et retinemus in ipsis consentientibus et in heredibus suis et rebus
eorumdem ad quencunque locum se transferant in terra et
justicia nostra sitis, videlicet honorem, debitam reverentiam et
ea que solent et debent liberti patronis suis exhibere. Item,
voluerunt et concesserunt prefate persone, nomine suo et
nomine heredum suorum, quod non poterunt intrare aliquam
communiam nec fieri milites sine licentia nostra petita prius et
obtenta; et quod homines Ecclesie Aurelianensis justiciabiles
nobis per se vel per alium non trahent ad aliam justiciam quam
ad justiciam nostram sive forum nostrum quandiu nos vel
mandatum nostrum parati fuerimus eisdem justiciam exhibere,
nec possessiones quas habent vel habituri sint in terra nostra
vendere poterunt militibus aut nobilibus personis aut quo-
cunque alio titulo in hujusmodi personas transferre sina licentia
nostra. Et propter hoc se et heredes et successores suos et
omnia bona sua presentia et futura pariter obligarunt. Item,
actum est et conventum inter nos et prefatas personas quod
retinuimus et retinemus in prefatis personis et eorum heredibus et successoribus suis tailliam ad beneplacitum nostrum
dum tamen in terra nostra hostisias vel possessiones habuerint
seu fuerint residentes, non obstante prescriptione longissimi
temporis seu aliquo privilegio indulto sive indulgendo a quocumque. Item, census omnes quos nobis prius debebant tenebuntur ipse persone manumisse et heredes sui sive successores
et illi ad quos bona ratione quorum census nobis debentur
quocumque titulo devenerint, qui pro tempore fuerint, et nobis
et successoribus nostris singulis imposterum reddere et solvere.

Insuper redditus omnes videlicet campi partem, decimam nume-
ralem, mortoragium, freneragium, pastum, corragium, corna-
gium, charragium, relevagia ad placitum quando eo contigerit
evenire ; item, galinas, panes in natali Domini et omnes reddi-
bitiones et alias consuetudines et jura prius debitas et debita nobis
et successoribus nostris, ut ante manumissionem hujusmodi
faciebant reddere tenebuntur cum omni justicia districte et aliis
juribus et consuetudinibus quibuscumque, excepto quod ab
omni jugo servitutis et quatuor denariis capitalibus et forismaritagio sint prefate persone specialiter liberate, prout
superius est expressum. Sciendum est insuper quod de hiis
omnibus singulis supradictis tenendis et inviolabiliter obser-
vandis se obligarunt infrascripte persone et oneraverunt se et
omnes heredes suos qui pro tempore fuerunt et quoscumque
alios successores et etiam possessiones quascumque prestito
sacramento et eisdem tactis sacrosanctis Evangeliis, nec non
fide prestita corporali, et promiserunt et se obligarunt sub jura-
mento et fide predictis quod ea omnia et singula suprascripta
inviolabiliter observabunt. Nomina autem pretactarum personarum quas manumictimus, sicut superius est expressum,
presenti pagina ducimus inserenda. Et primo nomina hominum
nostrorum et mulierum de SOGIACO : Philippus Muneonis,
Petrus frater ejus, Hugo dictus Carer, relicta Gaufredi Barbe,
Gaufridus Rogerii, Ligardis La Doinele, Guillelmus sutor,
Tericus, Petrus carpentarius, Petrus dictus Renier, Petrus
Jagrae, Robertus frater ejus, Robinus Georgii, Thomas frater
ejus, Petrus Sevin, Bugeta filia ejus, Petrus nepos ejus, Ber-
therus carpentarius, Morellus dictus Sort, Hodeardis relicta
dicti Droate, Bertherus dictus Cachin, Bernardus, Eremburgis
uxor Fabri, Belinus, Colinus de Carnoto, Renerius de Sogiaco,
Draco dictus Cochereau ; apud PROVENCHERIAM : Melesendis
dicta Rubeche, Laurentia filia ejus, Richaudis, Gondardus,
Bertherus, Bergeta uxor Morelli, Maria, Robinus dictus
Renard, dictus Du Bé, Johannes frater ejus ; apud UNEAU :
Theobaldus Gaillard, Johannes filius defuncti Roberti ; apud
MENILOUART : Droco le Comte, Rembaudus, Herveus Rembaud

fratres, Gaufridus Rembaud, Stephanus Rembaud, Stephanus
le Paagier; apud Boissay: Bricius dictus Suppliciau, Martinus
frater Bricii, Petrus dictus le Comte, Johannes dictus le Comte,
Ragerius dictus Gomer, Johannes dictus Chemau, Johannes de
Boisse; apud Villeseures: Borgeta relicta dicti Bideau, Ber-
therus, Guillermus frater ejus, Stephanus le Garnier, Robinus
le Paagier, Petrus frater ejus, Jacobus Juvenis, Johannes Herna,
Johanes Christofori, Robertus le Senetier; apud Topnieus:
Johannes Harant, Robertus frater ejus, Stephanus Harant,
Robinus Hautoin, Ragerius Barbe, Ragerius Botet, Alexis
relicta Crespini, Robertus Crespin, Philippus gener Agnetis
Torte, dictus Guodard, Johannes filius ejus; apud Valengelier:
Michael et Natalis frater ejus, Sevinus; apud Bouchet:
Richerus, Petrus Textor, Girardus Menaut, Radulphus, Johannes
Bertheau, Stephanus Chartein, Guerinus frater ejus, Johannes
Bellus filius, Gilletus Borset, Simon Nivelle; apud Villerdu:
Petrus Maire, Egidius Barrault, Radulphus Biseau, Aselinus,
Johannes Vales, Robinus Christofore, Benedictus Licordues,
Galterus Raingard, Johannes dictus Beseau, Benedictus Comes;
item, Johannes Beseau, Bertherus Sarraudin, Johannes dictus
Budant, Girard Budant, relicta Petri Vivant majorissa, Johanna
dicta Rubeche, Bertherus Charruau, Bertherus Rossiau, Ste-
phanus Textor, relicta Ragerii Beseau; apud Besille: Petrus
de Besille, Guiardus Pelliparius, Petrus Numerius, Ragerius
frater ejus, Petrus Jote, Raginaldus Monachus, Petrus Lau-
rentii, uxor Petri Pelliparii, Ermenardis la Reintrue, Rossellus
de Besille, Michael dictus Rontin, Petrus Morini, Thomas de
Bessille, Theophania, Ysabellis de Bessille, Hubertus de Bessille,
Giletus de Bessille, Agnes relicta Laurentii, Sibilla filia defuncti
Grasse; apud Rovroy: Gaufridus carpentarius, frater ejus,
Petrus Comes, Maria Comitissa, Ragerius Chevreau; apud
Mores: Odelina Furneria, Robinus Bellechère, relicta Odonis
Hericie, Jodoinus Furnerius, Evrardus Lathomus, Amaura Bel-
lechère, Petrus Numerius, Girardus Bellechère; apud Geminia-
cum: Petrus major, Aelota soror ejus, Colinus de Geminiaco,
relicta Theobaldi Brillon, Petrus Normanus, Petrus Chartein,

Petrus le Charron, Laurentius frater ejus, Johannes frater Erpini, Johannes Natalis, Guillelmus Normanus ; apud VILLERS : Robinus Numerius, Agnes relicta dicti Le Page, Matheus dictus le Témuerer, Michael dictus Le Page, Johannes Engerbaudi, Robinus Huberti, Robinus Natalis, Giletus Prom, Stephanus Engerbault, Johannes dictus Charretier, Osenna relicta, Unicus, Natalis dictus Pontin, dictus Aufre, Ragerius dictus Coillon, Acelina uxor Johannis Forestarii, Lambertus de Villers, Martinus, Johanna, item Johanna, Hubertus frater ejus ; apud TERRAM-NIGRAM : Johannes de Terra-Nigra, Petrus frater ejus, Petrus de Terra-Nigra, Odo de Terra-Nigra, Droinus Malier, Johannes Malier ; apud FAVEROLAS : Stephanus Carpentarius, Aufre, Johannes, Robinus frater ejus, Guerinus Boni-Hominis, Hodeardis, Theobaldus, relicta Johannis Boni-Hominis, Stephanus Juvenis, Johannes dictus Brese, Hilarius, Matheus, Theobaldus, Colinus Theobaldi, Johannes Baudri, Guillermus Furnerius, Johannes Manager, Guiardus Barres, Gaufridus Yvonis, Matheus frater ejus, Agatha la Rentrue, Petrus dictus Rex, Petrus Morini, Guillermus Yvonis ; apud GOMER : Evrardus, Petrus dictus le Sirc, Maria la Gentête, Anianus. Odo Sellarius, Ragerius Gentet, Stephanus Rophenoys, Stephanus Gentet, Acelina, Odo Gentet, Mauricius Lyon, soror ejus, Agnes la Pinelle, Stephanus Pigneau, Heremburgis la Semtière, Robinus dictus Vit d'Asseau, Robinus Fuschère, Maria la Fouchière, Michael Barrault et Gaufridus frater ejus, Johannes dictus Chauchefusée ; apud MURELLAS : Hugo de Murellis, Colinus frater ejus, Michael dictus Gaubert, Matheus de Murelis, Johannes, Hermesendis, Constantinus de Murelis, Stephanus Manager, Ysabelis et frater ejus ; apud TERMENIER : Egidius Maior, Radulphus Maior, Stephanus nepos eorum, Guillermus frater dicti Stephani, Ragerius Jacobi, Martinus Richer, Stephanus frater ejus, Hermecendis soror eorum, Thomas Carpentarius, Matheus Furnerius, Guillelmus Baudri, Hugo Regnardi ; apud SCALAS : Matheus Maior, Stephanus filius ejus, Ragerius dictus Sevin, Hubertus frater ejus ; apud GAUBERT : Amelina la Managière, Johannes Belasis, Arnulphus

frater ejus, Odo Juvenis, Ragerius Guibordis, Johannes dictus
Valengelier, Gaufridus Gurpillau, Odo Jamet, Jodoinus Jamet,
Lyon, dicta Bienvenue, Guillermus Numerius, Constantinus
Numerius, Johannes frater ejus, Reginaldus Yvonis ; item apud
Mores : Matheus Bellechère, Aubertus Remtru, Stephanus
Numerius, Rogerius de Faverolis, Odo et Johannes filii ejus,
Sibilla de Provenchera, Robertus Juvenis. — In cujus rei
memoriam et testimonium ad petitionem predictarum perso-
narum litteris presentibus sigillum nostrum duximus apponen-
dum. Actum in capitulo, anno Domini millesimo cc° 1mo nono,
mense januario. Datum eodem anno, mense februario.

(Archives du Loiret, fonds de Sainte-Croix, terrier de
champarts de Beauce. Copie du XVIe siècle) (1).

AFFRANCHISSEMENT PAR LE CHAPITRE DE SAINT-AIGNAN DE JEANNE, DITE
CONSTANCE, ÉPOUSE D'UN BOURGEOIS DE PARIS, SOUS PROMESSE DE
FIDÉLITÉ (1283).

Philippe par la grâce de Dieu, Roys de France... Savoir
faisons à touz presenz et avenir que nous avons veu unes lettres
seellees du seel du doyen et du chapitre de Saint-Anien d'Orliens
contenans la fourme qui s'ensuit : « Universis presentes litteras
inspecturis G. decanus totumque Ecclesie beati Aniani Aurelianensis Capitulum salutem in Domino... Noverint universi quod
nos Johannam dictam Constance uxorem Gauffridi Quarrier
civis Parisiensis feminam nostram de corpore, filiam quondam
defuncti Reginaldi de Coibre hominis nostri de corpore, pietatis
intuitu manumisimus et a jugo servitutis quo nobis et ecclesie
nostre tenebatur astricta ipsam et heredes suos ex ipsius carne
procreatos et eciam procreandos esse imperpetuum volumus
liberos et immunes ; ita tamen quod nullam amodo teneuram
in territorio nostro emet vel acquiret et si aliquam habet vel
habitura est seu ex caduco seu ex legato aut alia quacunque ex

(1) Pièce communiquée par M. Doinel, archiviste du département du
Loiret.

causa eam infra annum extra manum suam ponet; alioquim nos eam ex tunc capiemus et explectabimus tanquam nostram; juravit autem predicta Johanna tactis sacrosanctis quod ipsa amodo ecclesie nostre et personis ejusdem fidelis existet nec dampnum ipsius aut personarum ejusdem celabit seu eciam procurabit quod si scierit illud statim nobis intimabit aut faciat per alium intimari; si vero dictam Johannam aut ejus heredes contra ecclesiam nostram imposterum venire contingat, ipso facto redigentur in pristinam servitutem. Promittimus autem bona fide quod si aliquis dictam Johannam ratione servitutis sibi in futurum vendicare nitatur eam legitime garentiemus ac eciam defendemus. In cujus rei memoriam et testimonium sigillum ecclesie nostre duximus presentibus litteris apponendum. Datum in capitulo nostro anno domini m° cc° octogesimo tercio, in vigila Penthecostes. »... Et nous les choses devant dites, si comme elles sont dessus deviseez, avons fermes et estables et les loons, agreons, ratefions, approuvons et confermons de nostre auctorité royal, sauve nostre droit et l'autrui; et que ce soit ferme et estable par touz temps nous avons fait mettre nostre seel en ses lettres. Donné à Paris l'an de grâce mil ccc et trente, ou moys d'avril.

Par le Roy, à la relacion de monseigneur Guillaume Bertran.

H. MARTIN.

(Archives nationales, tr. des Ch. reg., J, 66, f° 143, pièce 368).

M. Boucher de Molandon a publié dans son ouvrage, *Charte d'Agius* (1), un diplôme de manumission ecclésiastique de 876, par lequel l'abbé de Saint-Aignan élève à la dignité d'ingénu un serf, un clerc qui voulait s'engager dans la milice chrétienne. On ne saurait trop apprécier cette pièce, conçue

(1) Orléans, 1868, p. 59.

en termes remarquables, et mise dans tout son jour par l'érudit éditeur.

L'auteur d'un volume intitulé : *Rerum quotidianarum* (1) cite aussi deux chartes d'affranchissement relatives à l'époque dont nous ncus occupons. L'une constate l'affranchissement de deux serfs, indivis entre les chapitres de Sainte-Croix et l'abbaye de Saint-Mesmin, qui se destinaient aux ordres religieux : on sait que les canons des conciles et les constitutions impériates assurent, en pareil cas, la liberté. L'autre émane de l'abbaye de Saint-Mesmin et prononce, d'après le résumé qu'en fait Fournier, l'affranchissement d'environ deux cents personnes.

§ II. — PROCÈS-VERBAUX ·D'ÉLECTION DES DÉPUTÉS DE L'ORLÉANAIS AUX ÉTATS-GÉNÉRAUX DE 1308.

Pour trouver dans notre histoire les premières manifestations du suffrage plus ou moins universel, il faut remonter au moyen âge. Nous l'y voyons éclore au milieu des luttes que la politique de Philippe-le-Bel suscitait en Occident et dont l'un des coups allait frapper à mort l'ordre le plus puissant alors de la chrétienté : la milice du Temple.

Boniface VIII n'était plus ; Bertrand de Got, sous le nom de Clément V, lui avait succédé en 1305, et, docile à l'impulsion que lui communiquait le roi de France, son protecteur, il allait entrer dans la voie des concessions, dont son pontificat offrit de si nombreux exemples.

En 1303, à l'occasion des vives querelles et des prétentions réciproques du pouvoir religieux et du pouvoir civil, Philippe-le-Bel en appelle à la nation et convoque les États-Généraux, fait nouveau et sans précédents alors,

(1) *Rer. quot. libri sex.*, R. FOURNIER. Paris, 1606, in-8, p. 213 et s.

mais qui, peu d'années après, allait se renouveler à l'occasion d'une affaire non moins grave : le procès et la condamnation des Templiers (1).

Dans l'une et l'autre occurrence, la situation, pleine de difficultés, assumait sur la tête du roi des responsabilités qu'il ne crut pas devoir supporter seul; il jugea plus prudent d'associer en quelque sorte la nation tout entière à sa politique, et de se fortifier personnellement en s'appuyant sur elle.

Pour un prince médiocrement libéral en ses procédés ordinaires, cette conduite ne manquait pas d'habileté.

On convoqua donc une seconde fois les électeurs en 1308, et, tout en se renfermant dans une grande réserve et sans faire nettement connaître le but précis de la réunion, on insinua en termes vagues, mais suffisamment intelligibles, qu'il s'agissait d'affaires ecclésiastiques et d'autres relatives aux Templiers; l'on eut soin, dans les instructions transmises aux bailliages et prévôtés, de faire comprendre, à vrai dire, que l'on attendait des députés une conduite conforme à celle de bons et loyaux sujets, ce qui ne laissait pas que de les induire doucement par avance à opiner dans le sens des intentions du roi, dont il leur serait donné connaissance.

Orléans, au XIVe siècle, était le chef-lieu d'un bailliage duquel ressortissaient un certain nombre de prévôtés, dont quelques-unes, celles de Montargis et de Châteauneuf-sur-Loire par exemple, étaient d'un degré hiérarchique supérieur aux autres. Ce fut dès lors au bailli d'Orléans et aux prévôts que s'adressèrent les instructions

(1) Bien que l'affaire de l'ordre des Templiers soit à peu près l'unique objectif de la tenue des États de 1308, les villes de Gien et de Châtillon-sur-Loing sont les seules qui l'énoncent en leurs procès-verbaux ci-après.

relatives à la convocation des colléges électoraux. Ces instructions étaient peu précises en ce qui concernait la
formation des circonscriptions électorales et le mode d'é-
lection, et laissaient ainsi à chaque magistrat une assez
grande latitude d'opérer selon ce qui lui semblerait préfé-
rable.

Il était dit seulement que chaque ville tenant marché
devrait nommer deux délégués (1). Cependant, la prévôté
de Châteauneuf n'en nomma qu'un seul. Par contre, le
prévôt de Châteauneuf désigna d'office le délégué de
Saint-Benoît-sur-Loire, ce qui n'empêcha pas les habitants de cette dernière prévôté, officiellement convoqués,
d'en nommer contradictoirement un autre, détail assez
curieux de lutte administrative qu'il n'est pas sans intérêt de signaler.

Dans la plupart des prévôtés, toutes les classes de citoyens, bourgeois, manants et habitants de la localité (2),
sont admises à prendre part à l'élection ; le suffrage est
public et se donne par acclamation, selon la forme usitée
dans l'antiquité ; le candidat est nommé à la majorité des
voix, et le prévôt présent à cette réunion populaire, et qui
sans doute la présidait, constate et proclame le résultat
de l'élection.

Dans quelques autres localités, par exemple à Montargis,
à Gien, à Étampes, etc., le mode n'est plus le même. Un
nombre assez faible de bourgeois se présente devant le
prévôt, ou même, à Montargis et à Châtillon-sur-Loing,
devant son secrétaire ou garde-seel (3), et y fait dresser
procès-verbal des élections accomplies. Dans ce système

(1) Procès-verbal de l'élection de Boiscommun.
(2) Procès-verbal d'Orléans.
(3) Charte de Châtillon-sur-Loing.

déjà plus restreint subsistent encore de notables différen-
ces. A Étampes et à Gien, on fait constater par le prévôt
que *la plus forte et la plus saine partie, les plus soufisens
des bourgeois*, a pris part à l'élection. A Châtillon, les dix-
neuf électeurs déclarent se porter fort pour *tout le commun de la ville*. A Montargis, les électeurs, au nombre de
cinquante, dont un ecclésiastique, s'intitulent *bourgeois de
Montargis, tous d'une meisme condicion*, et notamment
deux députés aussi *bourjois et de cele meisme condicion*.

Partout, les électeurs doivent porter leurs choix sur les
habitants du pays *les plus preudes et les plus soufisans,*
nous dirions aujourd'hui les plus éclairés et les plus ho-
norables, et comme chaque prévôté n'avait à nommer que
deux délégués, cette condition était facile à remplir.

Les mandats conférés aux députés par les électeurs
variaient également de forme et d'étendue. A quelques-
uns, mission seulement est donnée d'aller entendre et
recueillir les instructions verbales du roi (1); d'autres ont
mandat de se concerter avec le roi, et d'agir comme bons
et loyaux mandataires en toutes causes ecclésiastiques ou
séculières, et spécialement en ce qui concerne la condamnation ou l'absolution des Templiers (2).

La nécessité du consentement des délégués pour la
validité des actes royaux n'est exprimée nulle part (3).

Plusieurs députés n'ont autre chose qu'un simple mandat verbal; d'autres emportent avec eux, comme justifi-
cation de leurs pouvoirs, l'acte même d'élection ou une
lettre du prévôt.

On remarque en outre que les délégués appartiennent

(1) Procès-verbaux de Saint-Benoît-sur-Loire et de Romorantin.
(2) Procès-verbaux d'Orléans, Beaugency, Montargis, etc.
(3) Ce consentement est visé toutefois dans une note de la chancel-
lerie royale constatant l'arrivée des députés du Puiset.

presque exclusivement à la bourgeoisie. Deux seulement, à Étampes et à Méréville, sont membres du clergé.

Ces premiers essais du régime représentatif dans l'Orléanais, leurs irrégularités, leurs timidités, leurs divergences, offrent un véritable intérêt ; mais rien ne saurait mieux faire apprécier leur véritable caractère que la reproduction textuelle des procès-verbaux parvenus jusqu'à nous. Nous nous sommes empressé de les recueillir dans le *Trésor* des Archives nationales, et nous espérons qu'ils seront lus avec plaisir par ceux qui se préoccupent de l'histoire et des progrès de nos institutions.

Voici d'abord le tableau de ces premiers colléges électoraux, des fonctionnaires publics qui ont dirigé les opérations et des députés orléanais nommés en 1308 :

(Les villes de prévôtés sont indiquées par un P.)

Bailli d'Orléans, Sire Simon de Montigny.

P. *Orléans*. — Jehan d'Asnières, prévôt. — Jehan Culet, Huet Turpin, députés.

P. *Étampes*. — Jean Harchier, prévôt. — Regnaut Le Brun, garde-sceel. — Le Charretier, clerc, député.

Méréville. — Jehan Mansiau, clerc, Jehan Hardi, députés.

Gaillardon. — Robert Frontage, Jehan Thyoin, députés.

Le Puiset. — Henri Badelire, Est. Truander, députés.

Courville. — Nicolas Michon, Pierre de Biaumont, députés.

P. *Beaugency*. — Pierre Aliz, prévôt. — Anthoine Doc, Jaquemin Kabut, députés.

Romorantin. — Jean Auvère, lieutenant du châtelain, prévôt. — Pierre Hageau, Perrin Bertrand, et plusieurs autres députés.

Millençay. — M. Remon, châtelain de Romorantin, prévôt. — Clément Burtoin, Guille. Fleuri, et plusieurs autres députés.

P. *Châteauneuf-sur-Loire*. — Jehan Beraut, prévôt. — Berthier Lorreau, député.

P. *Saint-Benoît-sur-Loire*. — Le prévôt. — Guillot Pygoin, Simon Coingne, désigné d'office par le prévôt de Châteauneuf, députés.

Sully-le-Chastel. — Adam Bongrede, député.

P. *Boiscommun*. — Guillaume de Villers, prévôt. — Jehan Fouchier, Gile de la Fosse-Blanche, députés.

P. *Montargis*. — Macé Fromonz, garde-sceel. — Est. Gelé, Denisot Dargent, députés.

P. *Lorris*. — Jehan Chastellain, prévôt. — Gile Boutef-fant, Adam Gaudart, députés.

P. *Gien*. — Jehan Poullez, prévôt, Phelipe Poullez, garde-sceel. — Est. Cartier, Jehan Galebrun, députés.

P. *Châtillon-sur-Loing*. — Bonin de Villefranche, garde-sceel, clerc. — Regnaut Pourciau, Robin de Guauz, dé-putés.

Soit trente et un députés pour le bailliage d'Orléans, sans compter le député double de Saint-Benoît, et les dé-putés supplémentaires de Romorantin et de Millençay.

ORLÉANS.

Élection devant le prévôt par les citoyens, bourgeois et manants de la ville et des faubourgs, de deux délégués pour ouïr la volonté du roi.

A touz ceus qui verront cestes presentes letres, Johan d'Asnieres, garde de la prévosté d'Orliens, salut. Sachent tuit

que les citeyans, les borgeis et les manans de la ville d'Orliens, et dou suburbe appelez par ben et par cri, si comme l'en a accoustume à fere, si comme Jehan Chicho, sergent crieur des bens d'Orliens, nous raporta par son serment, établiz en nostre presence, firent et establirent leurs procurateurs generaux Johan Culet et Huet Turpin, citeyans d'Orliens, porteors de ces letres ; chacun d'aux pour le tout, einssi que la condition de celui qui premier vendra ou commaincera ne soit pas la meilleur en toutes leur causes et en toutes leur beso'gnes, et en chascune especiaument quant à oir, accorder et raporter la volonté de nostre sire le roy et de son conseil, soit à Tours ou en quelque leu que il plera à nostre sire le roy ; et donnerent lesdites personnes à leur procurateurs davant diz et à chascun d'aux pour le tout plain poer et especial commendement de demender et de deffendre, et especiaument de oir, accorder et raporter la volenté de nostre sire le roy et de son conseil, et de fere sur ce tout autent comme lesdites personnes feroient et porroient fere, se il li estoient presenz en propre personne, et ont et auront ferme, estable et agreable tout quant que sera fet et procuré par leur procurateurs davant diz et par chascun d'aux aussi contre aux comme pour aux, prometenz les dites personnes pour leur procurateurs davant diz et pour chascun d'aux rendre le juigé, se mestiers est, sous l'obligement de touz leur biens. Ce fu fet l'an de Nostre-Seigneur m° ccc° et oict, le vendredi après la Saint-Marc, evangeliste.

P. LEBORGNE.

Le sceau pendant sur double queue qui se trouvait vraisemblablement attaché à cette pièce ne subsiste plus.

(Archives nationales, tr. des Ch. J, 415 A, pièce n° 159.)

ÉTAMPES (1).

Procès-verbal de l'élection devant le prévôt, par la majeure partie des bourgeois de la ville, d'un bourgeois et d'un clerc, pour entendre les commandements du roi, et notification à ces deux délégués de la convocation royale.

A touz ceus qui ces presentes lectres verront, Jehan Harchier, guarde de la prevosté d'Estampes, et Regnaut le Brun, guarde du seel d'ycelle prevosté, salut. Nous faisons savoir à touz que par devant nous, en droit juigement, vindrent Phelis Berenger, Thierri de Fresnes, Guichart de Sermeises, Jehan le Mercier, Jehan Amorandes, Symon Cenglede, Hervi le Guale, Pierre Perchot, Colin Chantel, Lucas du Temple, Lucas Pennier, Jehan de la Court, Jehan Leferron, Guilleaume Renart mercier, Estienne Boncel, Jehan Guarembert, Jehan de Louviers, Saince de Vievi, Guillaume Segureau, Gervaisot le Tondeur, Jehan Potoyn, Thoumas Bergier, Robin Luet, Jehan le Coiffier et Guilleaume des Roiches et pluseurs autres, c'est assavoir la greigneur, la plus fort et la plus saine partie des bourgois de la ville d'Estampes ; et firent, ordrenèrent et establirent par devant nous, pour eus et pour la communalté des bourgois et des bones genz de la ville d'Estampes, et en non de eus, des bourgois et des gens de la dite ville, Jean le Piquart de la Charronnerie, bourgois d'Estampes, lay, et Denise le Charretier d'Estampes, clerc, porteurs de ces lectres, procureurs de eus et de la communalté des bourgois et genz de la ville d'Estampes, especiaus et chacun pour le tout, pour oyr et entendre ce dymenche prochein à Tours les commandemenz et la voulenté de nostre seigneur le Roy, les quelx deus procureurs dessus nommez et divisez, nous Jehan Harchier, guarde de la prévosté d'Estampes dessus dit, avons adjournez au dymenche dessus dit à Tours, pour oyr et entendre les commandemenz et la

(1) Voir M. BOUTARIC, *Philippe-le-Bel*, annexes.

voulenté de nostre seigneur le Roy dessus dit, par la vertu de la copie du mandement nostre seigneur le Roy envoiée à nous, souz le seel de la prevosté d'Yenville pour ce faire. En tesmoing de laquelle chose, nous, à la requeste des bourgois dessus diz, avons mis en ces lectres le seel de la prevosté d'Estampes. Donné l'an de grâce mil trais cenz et huit, le premier jour de may.

Sceau de cire brune sur double queue.

(J, 415, n° 171.)

MÉRÉVILLE.

Représentée par deux délégués au oommandement du bailli d'Orléans.

Pour Méréville se présente Jean Mansiau, clerc, et Jean Hardi d'Outronny (?) du commandement le baillif d'Orliens.

(J, 415, n° 173.)

GALARDON.

Représentée par deux délégués.

Baillivie Aurelianensis.
Pro villa de Galardon :
Robertus Frontage et Johannes Thyoin se presentant.

(J, 415. n° 174.)

PUISET.

Comparution de deux délégués de la ville.

Coram regia magestate offerunt se Turonis ad terminum assignatum Henricus Badeline et Stephanus Truaudene, pro

villa de Puisato, ad omnia ea audienda, tenenda et consen-
sianda, que per magestatem regiam acta fuerint, ordinata seu
stabilita.

(J, 415, n° 175.)

COURVILLE.

Comparution de deux délégués.

A nostre seigneur le Roy se representent Nicolas Michon et
Pierre de Biaumont de Courbevile, de la baillie de Chartres, le
dimanche primerien de may.

(J, 415, n° 176.)

BEAUGENCY.

Élection, par devant le prévôt, par le commun de la ville, de deux bourgeois chargés d'un mandat complet de représentation.

A touz cels qui verront cestes presentes lettres, Pierre Aliz,
guarde de la prevoté de Baugenci, saluz. Sachent tuit que
establi en droit par devant nous, le commun de la ville de
Baugenci, secon la fourme-dou mandement nostre seigneur le
Roy à aux envoié, ont establi et establissent et ordrenent Anthoine Doc de Saint-Lorenz et Jaquemin Kabut, bourgois de
Baugenci, porteers de cestes lettres, pour aler et estre à Tours
à nostre seigneur le Roy, aus trois semainnes de Pàques, les qué
ils envoient en non d'aux, secon la fourme dou dit mandement,
pour fere pour aux et en non d'aux ce qu'il apartendra à fere es
besoignes pour les queles nostre seigneur le Roy a mandé le
dit mandement. Et ont et auront ferme et estable ce qui sera
fet par les diz Anthoinne et Jaquemin esdites besoignes. En
thesmoin de laquelle chose, à la requeste dou dit commun, nous
avons saellé cestes lettres dou sael de la prévoté de Baugenci.

Ce fut fet et donné l'an de Nostre-Seigneur mil trois cenz et oict, le juedi d'enprès la Saint-Phelipe et Saint-Jaque.

Sceau de cire verte sur simple queue.

(J, 415, nº 162.)

ROMORANTIN.

Élection, devant le lieutenant du châtelain, par les jurés et majeure partie du commun de la ville, de deux bourgeois et jurés pour ouïr le commandement du roi.

A touz ceuls qui verront cestes presentes lectres, Jehan Auveré tenent le leu dou chastelain de Remorentin, salut en Nostre Seigneur. Saichent tuit que presenz par davant moy, les jurez de la ville de Remorentin et la plus grande partie dou commun de ladite ville, à nostre asentement ont fet et establi, et enquores font et establissent Pierre Hageau et Perrin Bertram, bourgois et jurez, oveques autres de ladite ville, porteeurs de cestes lettres, leurs procureurs ou non d'euls et de ladite ville, quant à oir le commandement le roy nostre sire, et pour y obeir. En tesmoing de laquelle chose nous avons saellé cestes presentes lettres de nostre sael. Donné à Remorentin l'an de grâce mil trois cenz et oyt, le lundi ou jour Saint Jehan le boillant.

Fragment de sceau de cire verte sur une simple queue.

(J, 415, nº 179.)

MILLENÇAY.

Élection, devant le châtelain de Romorantin, par les jurés et la plus grande partie du commun, de deux jurés, pour ouïr le commandement du roi.

A touz ceuls qui verront cestes presentes lettres, Mahui Remon, chastelain de Remorentin, salut en Nostre Seigneur.

Saichent tuit que, presenz par davant nous les jurez de Millençay et le plus grant partie du commun de ladite ville de Millençay, firent et establirent et onquores font et establissent Clement
Burtain et Guillaume Fleuri, jurez, oveques autres d'icelle ville,
porteeurs de cestes presentes lettres, leurs procureeurs pour
euls et pour ladite ville, quant à oir le commandement le roy
nostre sire et pour y obeir. En tesmoing de laquelle chose, nous,
chastelain de Remorentin et de ladite ville de Millençay, et
garde dou sael desdiz leus, avons saellé cestes presentes lettres
dou davant diz sael. Ce fut fet et donné à Remorentin le
mardi après la Saint-Jehan le boillant, l'an de grâce mil trois
cenz et oyt.

Sceau de cire brune sur simple queue.

(J, 415, n° 178.)

CHATEAUNEUF-SUR-LOIRE.

**Désignation, par le prévôt de Châteauneuf, d'un bourgeois pour le
commun de Châteauneuf, d'un autre pour le commun de Saint-Benoît,
d'un autre pour le commun de Sully-le-Château, afin d'aller à Tours
ouïr et rapporter les ordonnances du roi.**

A tous ceus qui verront ces présentes leictres, Jehans Beraut,
garde de la prevosté de Chasteauneuf-sus-Loire, salut. Saicheint
tuit que nous, par la teneur dou mandement que nostres
mestres li baillis d'Orlieins nous a fait, avons establi et establi-
sons, pour le commun de Chasteauneuf, Bertier Lorreau, bor-
gois de Chasteauneuf, porteur de ces leictres, à aller à Tours,
oir et raporter les ordenences ou commandemens que nostre
sires li Rois il fera, et pour accomplir iceus en manière deue,
et pour faire tout ce que bons procurateurs et leaus peut faire
et doit de droit et de reson. Aveuc ce, nous, pour le commun de
Saint-Benoist, nous avons ajorné Simon Coingne, et pour le
commun de Senli-le-Chastel, Aden Bongrede, à aller à Tours
pour les chose et faire en la manière desus dite. En tesmoin de

laquelle chose nous avons seelé ces leictres dou seel de la prevosté de Chasteauneuf. Donné l'an de grâce mil ccc et huit, le
jeudi, veille de Sainte-Crois en may.

Sceau de cire jaune sur simple queue.

(J, 415, n° 164.)

SAINT-BENOIT-SUR-LOIRE.

Réunion sur la convocation du prévôt de Saint-Benoît, agissant en vertu d'un ordre du prévôt de Châteauneuf, de la majeure partie du commun de la ville, et élection d'un procureur pour rapporter les ordonnances du roi.

A tous ceus qui verront cestes presentes lettres, li prevoz de
Saint-Benoist-sus-Loire, salut. Sachent tuit que dou commandement nostre seigneur le Roÿ fait à nous de par Jehan Beraut,
garde de la prevosté dou Chasteauneuf-sus-Loire, dou quel res-
sort nous soumes, avons fait venir par devant nous la greigneur
quantité dou commun de la ville de Saint-Benoist, pour alire un
homme soufisent de ladite ville à aller à Tourz, pour oir, voer,
entendre et raporter lou commandement le Roy nostre seigneur,
li quelx communs, establiz en droit par devant nous, firent et
establirent leur procureur, Guillot Pygoin, porteur des dites
lettres, pour parfaire et accomplir les choses devant dites. Ou
tesmoing de laquele chose, nous, à leur requeste, avons scel-
lées cestes lestres dou seel de la prevosté de Saint-Benoist. Ce
fu donné l'an de grâce mil trois cenz et huit, lou jeudi devant la
feste de Sainte-Croix en may.

Sceau de cire verte sur simple queue.

(J, 415, n° 168.)

BOISCOMMUN.

Lettre du prévôt aux gens du roi, les informant que, chargé de désigner deux bourgeois de chaque ville à marché de la prévôté, il envoie deux bourgeois de Boiscommun.

A ses très chiers seigneurs et mestres les genz nostre seigneur le Roy, Guillaume de Villers, prevoz de Boi-Commin, se recommande aparelié toujourz et obeir à leur commandemenz. Mi seigneur, comme je aie receu commandement de par nostre seigneur le Roy de envoier à Tourz, as trois semaines de Pasques, deus bourgois de chascune ville à marchié de ladite prevosté des plus soufisanz à mon povoir, savoir vous fais que je ai ajorné par devant vous, audit jour et audit lieu, pour la ville de Boy-Commin, Jehan Fouchier et Gile de la Fosse blanche. Et ce vous certefis je par la teneur de ces presentes lettres. Donné à Boy-Commin, le mardi après la feste Saint-Marc, l'an mil ccc et vuit.

Petit sceau de cire verte sur simple queue.

(J, 415, n° 169.)

MONTARGIS.

Procès-verbal de la délégation donnée par un certain nombre de bourgeois de Montargis, à deux bourgeois de même condition, de les représenter et d'agir en leur nom, contre toute personne ecclésiastique ou séculière.

A touz ceus qui verront ces presentes lettres, Macez Fromons garde dou seel de la prevosté de Montargis, salut en Nostre Seigneur. Sachent tuit que par devant nous vindrent Jehan z Bachelers, meistres Pierres Patoilliez, Roberz Godichauz, Gilons Badoz, Jehanz Bons, Jehanz de Lorriz, Jehanz Girodoz, Pheli-

pons Girodoz, Pierres Seul, Gilebeiz li Chenoines, Tevenins
Renarz, Giloz Billarz, Bertheloz li quamus, Jannoz li Marcoyns,
Graniers, Perroz Berthauz, Jannoz Bardins, Robins dessus le
pont, Jehans de Poissy, Jannoz Hemouins li bouchiers, Jannoz
Prieuz Mignieins, Estienes Truffiers, Turtrons, Jannoz filz feu
Pierre le megicier, Daulins, Jehanz li boiteus caveciers, Jannoz
Quabrius, Jaquez Drooz, Galois Bretons, Galois Bordins, Nau-
dins Roillarz, Robins Moloismes, Jannoz Hemouins clercs, Ba-
biaus de Corboilles, Bertheloz Legier, Jehans Quatrelivres, Gi-
loz Cerniaus, Pierres Bellefemme, Colins li piquars, Coloz li
cousturiers, Estienes li gras, Perroz Bille en Bouche, Tevenons
Poloins, Herris Nivelons, Robins Griniaus, Guilloz Cerniaus,
Estienes Forz, Jannoz Peniers, Colins Sesniaus, Guillemins
Maqueriaus et plusieurs autres bourjois de Montargis, touz
d'une meisme condicion, et recognut aus avoir fet, envoiez et
establiz Estiene Gelé et Denisot Dargent, auxin bourjois de
Montargis et de cele meisme condicion, porteurs de ces presentes lettres, leur procurateurs generaus et especiaus en toutes
les causes et les besoignes que il entendent et attendent à avoir,
meues et à movoir tant pour aus et pour la communauté de la
vile de Montargis, comme contre aus, contre quelqonques personnes que ce soient, tant ecclesiaus comme seculieres ; don-
nanz au procurateurs dessus diz, à touz ensemble et à chascun
par soy plain povoir et mandement especial d'aler à Tourz pour
aus et pour la communauté de la vile de Montargis, oir le commandement nostre seigneur le Roy, et de faire generalment et
especialment toutes autres choses que vrai procurateur et loial
feroient et pourroient feire, et tout autant comme les personnes
dessus dites, toutes ensemble et chascune par soy, feroient et
pourroient faire, se il estoient present ; prometenz sus l'obligacion de touz leur biens et des biens de leur hoirs que il auront
et tendront ferme, estable et agreable tout ceu qui sera fet ou
procuré par les procurateurs dessus diz, et paieront tout ceu
qui sera adjugié contre aus, se mestiers est. En tesmoing de
la quele chose nous avons seelé ces presentes lettres dou seel
de la prevosté dessus dite. Donné l'an de grâce mil trois cenz et

huit, le mardi devant la feste des apostres saint Phelipe et saint
Jaque, ou mois d'avril.

Sceau de cire jaune sur double queue.

(J, 415, n° 163.)

LORRIS.

**Le prévôt de Lorris, au vu des lettres royales à lui transmises du bailli
d'Orléans par le prévôt de Montargis, envoie deux bourgeois pour
représenter la ville.**

A home honorable et sage son chier seigneur et maistre, sire
Symon de Montigni, baillif d'Orliens, ou son leutenent, Jehan
Chastellain, garde de la prevosté de Lorriz, en Gastinois, soi
recommande à lui. Comme vous m'aiez mandé que je envoiasse
ou feisse envoier aux trois semaine de Pasques deus personnes
preudesomes à Tours, en la manière que il est contenu aux
leictres nostre seigneur le Roy, desquelles leictres je receu le
transcript seelé souz le seel au prevost de Montargis, sire, savoir
vous fais que de l'asantement et volenté des bourgois et dou
commun de Lorriz, je vous envoi Gile Bouteffont et Adam Gaudart, bourgois de la dite ville, porteeurs de ces leictres, pour
savoir et oir la volenté et le comandement dou Roy nostre seigneur. Donné à Lorriz l'an de grâce mil trois cenz et huit, le
dimainche après la Saint-Marc, euvangelistre.

Petit sceau de cire verte sur simple queue.

(J, 415, n° 161.)

GIEN.

**Élection, devant le prévôt, par un certain nombre de bourgeois se
disant la plus suffisante et plus saine partie de la ville, de deux
bourgeois pour ouïr la volonté du roi pour l'affaire des Templiers ou
toute autre.**

A touz ceux qui ces presentes lettres verront, Jehans Poullez,
prevoz de Giem, et Phelipes Poullez, garde du seel de ladite

prevosté, salut. Sachent tuit que par devant nous vindrent en propres personnes Thomas du Vergier, Guillaume de Creeil, Jehan Bardin, Charmoie, Pierre des Creniaus, Jehan Guiot, Colin le Chaucier, Jehan Docrat, Jehan Dautry, Guillemin Roicheriau, Estiene Poulart, Jehan Gacelin, Chupere, Boutelaine, Naudin Pajot, Jehan Gaulier, Forgemo, Macé le Cordouannier, Jehan Berthelemiau, Daufart, Pierre Gane, Jehan Gabillon, le roussiau du marchié, Estienne Limozin, Raimon de Pradelles, Jehan le charrier, Guillaume Le charrier, Pierre Lefèvre, Robert Le Normant, Pierre le cordouannier, Estienne Greelé, Hervy Apeignis, Guillemin Carrignon, Naudin son frère, Jehan Menou le boucher, Tevin Bruniau, Jehan le barbier, Geufroi le potier, Naudin Potier, Chevancé, Pierre Maupatre, Michiau Le charrier, Foillebois, Jehan Maduie, Jehan Apelo, Guerin Maçue, Torquoé, Estienne Courvillain, Robert de Troys et Jehannot Quisante, tous bourgois de Giem, le plus et les plus soufisenz et la plus saine partie de la ville de Giem, si comme ils disoient. Et firent, ordennerent et establirent Estienne Cartier et Jehan Galebrun, bourgois de Giem, porteeurs de ces lettres, leur procureeurs generauls et messages especiaus, en tele maniere que la condicion de l'ung ne soit meilleur de l'autre, et que ce qui par l'ung d'eux sera commencié puisse par l'autre estre mis à fin, pour aler à Tourz ou là où il plaira à nostre seigneur le Roy, pour ouir et recevoir la volenté, ordennence et establissement du Roy nostre seigneur et de son noble conseil, sus l'ordenance, absolucion ou condampnacion des Tampliers, et sus toutes autres choses, qui au Roy nostre seigneur et à son dit conseil plairont à ordenner et establir, et pour faire toutes autres choses que leauls procureurs pueent faire et doivent, et que ils feroient, se presenz estoient. Et de ce faire leur donnerent plein povoir et mandement especial, et promistrent, par leur leaux creanz par devant nous, à avoir aggreable, ferme et estable, tout ce qui par les diz procureeurs ou par l'ung d'eux sera fait, procuré ou ordenné, sus la caucion et obligacion de touz leur biens. En tesmoing de ce, nous avons seelé ces presentes lettres du seel de la prevosté de Giem. Donné en l'an de grâce mil ccc et huit, le lundi devant la feste Saint Phelipe et Saint Jasques.

Sceau de cire jaune sur double queue de parchemin.

(J, 415, n° 160.)

CHATILLON-SUR-LOING.

Procès-verbal de l'élection, par un certain nombre de bourgeois, de deux délégués chargés de les représenter entièrement au Parlement du roi, pour ouïr la sentence des Templiers, et faire et accomplir le commandement du roi, suivant l'ordre transmis par le prévôt de Montargis au seigneur de Châtillon.

A touz ces qui verront ces presentes leictres, Bonins de Ville-frainche, clerz, guarde dou seel de la chastellerie de Chastillon-sur-Loein, salut. Saichent tuit que par devant nous vindrent Naudins Bourdins, Colins de Guanz, Macez Naudoz, Geuffroiz Fouchiers, Guillames dit li curez, Naudins Somiers, Robins Moreins, Guillaumes Gautiers, Thiebauz Hatiers, Naudins Tur-quanz, Jehanz Noillons, Jehanz Clariaus, Jehanz Vannieres, Geuffroy Meauce, Robins Bertiaus, Jehanz li asnes, Geuffroyz Daudons, Estienes Arnous et Jehanz Jargoz, bourgoys de Chas-tillon dessus dit en la baillie d'Orliens et en la deocise de Senz, pour aux et pour tout le commun de ladite ville, pour lequel il pridrent (*sic*) en main sus l'obligacion de touz leurs biens, et firent, ordenerent et establirent leurs procureurs generaux et messaiges especiaux Regnaut Pourciau et Robin de Guanz, bourgoys de ladite ville, chascun d'aux deux et pour le tout, porteurs de ces presentes leictres, pour estre à Tourz au palle-mant nostre seigneur le Roy de France, qui sera aux trois se-maines de la feste de la resurrection Nostre Seigneur novelle-ment passée, ou la où il sera ordené, pour oir la sentence des Tampliers ou telle ordenance comme il en sera fait, et de faire et aconplir le commandemant et la volenté nostre seigneur le Roy, selonc le cogmandemant qui a esté bailliez dou prevoost de Montargis aux seignors de Chastillon ou à leur leus tenenz;

donanz li diz bourgois aux diz procureurs et à chascun par soy
et pour le tout plain poer et mandemant espécial d'ester à droit
pour aux et pour le dit comun et de faire toutes autres choses
que ils feroient ou pourroient faire se il estoient present au
pallemant dessus dit, prometenz, ou non dessus dit, sus l'obligacion de touz leurs biens que il auront ferme et agreable tout
ceu qui sera fait ou ordené par les diz procureurs ou par l'un
d'aux, soit pour aux ou contre aux, quant es choses dessus
dites. En tesmoing de la quelle chose, nous, à la requeste des
bourgois dessus diz, avons seelé ces presentes leictres dou seel
de la dite chastellerie. Donné l'an de grâce mille trois cenz et huit,
le juedi secont jour dou moys de may.

Sceau de cire brune sur double queue.

(J, 415, n° 167.)

DIXMONT (*Baillie de Sens*).

**Élection de deux députés, sur l'invitatien et en présence du prévôt,
par les bonnes gens de toute la prévôté.**

A touz ceus qui ces leitres verront, Phelippes Derez, prevooz
de Dimon en la ballie de Sens, salut. Saichent tuit que je, dou
commandement honorable homme et saige Guillaume de Han-
gest, baillif de Senz, ai commandé aux bones genz de Dimon et
de toute la prevosté de ladite ville de Dimon, que il enveiessient
deux preudes hommes sofisenz à Tourz aus trois semaines de
Pasques, liquel ont eslehu pour aler au dit leu, si comme il dient
et ont confessé par devant moy, Pierre dit Einssart et Jehan dit
Quoque, porteurs de ces leitres. En tesmoing de ceste chouse
je ai seelée cestes leitres de mon propre seel. Donné l'an de
grace mil ccc et huit, le jour de la feste des apostres saint Phe-
lippe et saint Jaque.

(J, 415, n° 98.)

Orléans, imprimerie de Georges Jacob, cloître Saint-Etienne, 4.

www.ingramcontent.com/pod-product-compliance
Lightning Source LLC
Chambersburg PA
CBHW060519210326
41520CB00015B/4236